BEI GRIN MACHT SICH IHR WISSEN BEZAHLT

- Wir veröffentlichen Ihre Hausarbeit, Bachelor- und Masterarbeit

- Ihr eigenes eBook und Buch - weltweit in allen wichtigen Shops

- Verdienen Sie an jedem Verkauf

Jetzt bei www.GRIN.com hochladen und kostenlos publizieren

Bibliografische Information der Deutschen Nationalbibliothek:

Die Deutsche Bibliothek verzeichnet diese Publikation in der Deutschen Nationalbibliografie; detaillierte bibliografische Daten sind im Internet über http://dnb.d-nb.de/ abrufbar.

Dieses Werk sowie alle darin enthaltenen einzelnen Beiträge und Abbildungen sind urheberrechtlich geschützt. Jede Verwertung, die nicht ausdrücklich vom Urheberrechtsschutz zugelassen ist, bedarf der vorherigen Zustimmung des Verlages. Das gilt insbesondere für Vervielfältigungen, Bearbeitungen, Übersetzungen, Mikroverfilmungen, Auswertungen durch Datenbanken und für die Einspeicherung und Verarbeitung in elektronische Systeme. Alle Rechte, auch die des auszugsweisen Nachdrucks, der fotomechanischen Wiedergabe (einschließlich Mikrokopie) sowie der Auswertung durch Datenbanken oder ähnliche Einrichtungen, vorbehalten.

Impressum:

Copyright © 2015 GRIN Verlag, Open Publishing GmbH
Druck und Bindung: Books on Demand GmbH, Norderstedt Germany
ISBN: 9783668300378

Dieses Buch bei GRIN:

http://www.grin.com/de/e-book/340194/controlling-jahresabschlussanalyse-und-kostenrechnung-in-der-fitnessbranche

Philipp Jeutter

Controlling, Jahresabschlussanalyse und Kostenrechnung in der Fitnessbranche

GRIN Verlag

GRIN - Your knowledge has value

Der GRIN Verlag publiziert seit 1998 wissenschaftliche Arbeiten von Studenten, Hochschullehrern und anderen Akademikern als eBook und gedrucktes Buch. Die Verlagswebsite www.grin.com ist die ideale Plattform zur Veröffentlichung von Hausarbeiten, Abschlussarbeiten, wissenschaftlichen Aufsätzen, Dissertationen und Fachbüchern.

Besuchen Sie uns im Internet:

http://www.grin.com/

http://www.facebook.com/grincom

http://www.twitter.com/grin_com

Deutsche Hochschule für

Prävention und Gesundheitsmanagement

Hermann Neuberger Sportschule 3

66123 Saarbrücken

Einsendeaufgabe

Fachmodul: Betriebswirtschaftslehre III

Studiengang: Fitnessökonomie

Name, Vorname: Jeutter, Philpp

Semester: **Sommersemester 2013**

Inhaltsverzeichnis

1 CONTROLLING 3

1.1 Kerngedanken und Aufgaben 3

1.2 Kennzahlensystem 4

1.3 Controllingsystem 4

    1.3.1 Erläuterung eines Controllingsystem 4

    1.3.2 Balanced Scorecard Praxisbeispiel 5

2 JAHRESABSCHLUSSANALYSE 6

2.1 Teilanalysen der Jahresabschlussanalyse 6

    2.1.1 Vertikale Strukturanalyse (Passivseite) für 2012 und 2013 6

    2.2.1 Kurzfristige Finanzanalyse für 2012 und 2013 7

    2.3.1 Erfolgsanalyse (Rentabilitätskennzahlen) für 2012 und 2013 7

2.2 Wirtschaftliche Entwicklung 8

3 KOSTENRECHNUNG 9

3.1 Kostenrechnung 9

3.2 Zuschlagskalkulation 10

3.3 Deckungsbeitragsrechnung 11

3.4 Interpretation einer Deckungsbeitragsrechnung 12

4 ABBILDUNGS- UND TABELLENVERZEICHNIS 13

4.1 Tabellenverzeichnis 13

4.2 Abbildungsverzeichnis 13

1 Controlling

1.1 Kerngedanken und Aufgaben

Einfach gesagt ist unter Controlling zielorientierte Steuerung eines Unternehmens zu verstehen. Beim Controlling werden Daten bzw. Kennzahlen aus allen Unternehmensbereichen zusammengetragen und ausgewertet, um größere Verfehlungen bezüglich der Planzahlen zu erkennen, um rechtzeitig die geeigneten Gegenmaßnahmen ergreifen zu können.

Die Hauptaufgaben des Controlling liegen in der Planung, der Lenkung und der Steuerung von Unternehmenszielen.

Das bedeutet genauer: das Festlegen von Unternehmenszielen in Form von Planzahlen und deren Umsetzung, die laufende Analyse, ob die Planzahlen eingehalten werden können und, falls notwendig, die Bestimmung von Korrekturmaßnahmen.

Die Begriffe Controlling und Kontrolle werden oftmals fälschlicherweise gleichgestellt.

Das Instrument der Kontrolle ist vergangenheitsbezogen und soll am Ende einer Periode aufzeigen, ob die vorgegebenen Ziele erreicht oder aber weshalb sie verfehlt wurden.

Das Controlling ist hingegen gegenwarts- sowie zukunftsorientiert: Es untersucht gegenwärtige Abläufe und soll bei drohenden Abweichungen helfen, noch rechtzeitig die entscheidenden Lösungen zu finden.

1.2 Kennzahlensystem

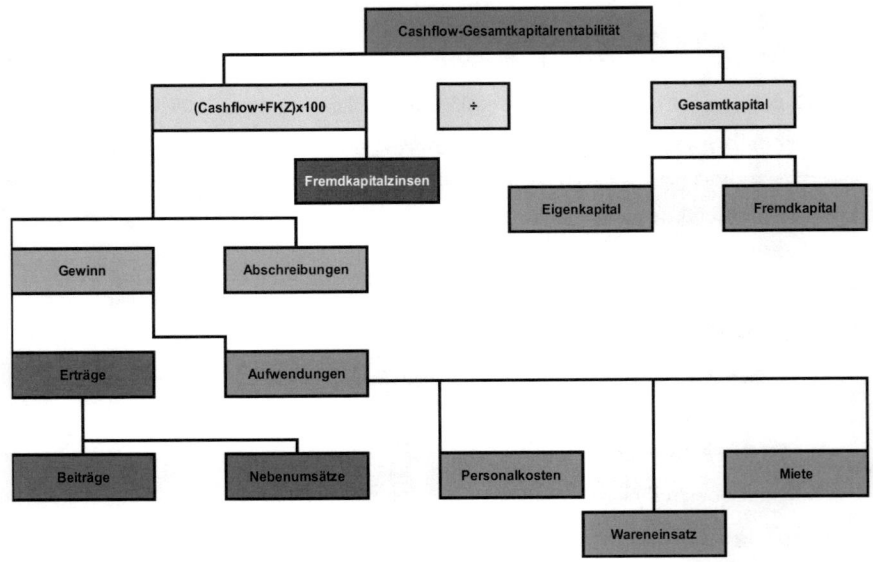

Abb. 1: Kennzahlensystem mit Cashflow-Gesamtrentabilität als zentrale Kennzahl

1.3 Controllingsystem

1.3.1 Erläuterung eines Controllingsystems

Controllingsysteme sind im Prinzip nichts anderes als die konkrete Realisierung und Umsetzung von Controlling.

Sie sollen helfen, der Unternehmensleitung oder potenziellen Investoren einen Überblick über die aktuelle Sachlage im Unternehmen zu liefern, Schwachstellen im Unternehmen schneller aufzuspüren und gezielte Steuerungsmaßnahmen schnell zu entwickeln.

Ein Controllingsystem wird im Vergleich zum Kennzahlensystem durch Planzahlen erweitert, zudem findet ein ständiger Soll-Ist-Vergleich statt. Beim Controllingsystem wird außerdem, um die bisherige Entwicklung darzustellen, mit kumulierten Werten gearbeitet und es finden Vergleiche zu vorhergegangenen Geschäftsperioden statt.

1.3.2 Balanced Scorecard Praxisbeispiel

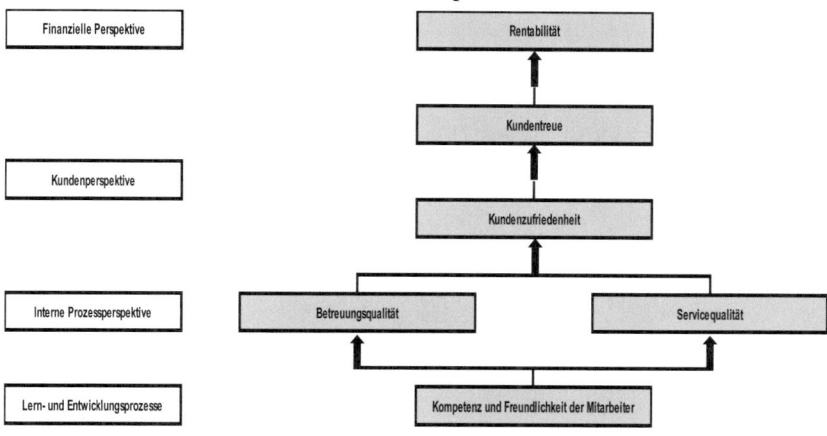

Abb. 2: Ursache-Wirkungs-Kette

Ziel: Erhöhung des Anteils weiblicher Mitglieder

Im folgenden werden die vier Schritte der dritten Phase der Balanced Scorecard durchgeführt.

Tab. 1: Vier Schritte der dritten Phase der Balanced Scorecard

Perspektive	Ziele	Kennzahlen	Vorgaben	Maßnahmen
Finanzielle Perspektive	• Umsatzerhöhung durch höheren Anteil weiblicher Mitglieder	• Umsatzwachstum • Gewinn • Rendite • Cashflow	• Mindestens 15% Umsatzsteigerung in diesem Geschäftsjahr	• „Frau wirbt Freundin" Aktion • Gezielte Direktansprache
Kundenperspektive	• Mitgliederzufriedenheit weiblicher MG steigern	• Kündigungen weibliche MG • Fluktuationsquote weibliche MG	• Steigerung der weiblichen MG um 20%	• Aufbau eines auf Frauen abgestimmten Kursangebots • Spezielle Fitness-Workshops für Frauen
Interne Geschäftsprozesse	• Umgang der Mitarbeiter speziell mit weiblichen MG verbessern	• Frauenteilnehmerquote/Kurs • spezielle Trainingspläne für Frauen	• Frauenteilnehmerquote/Kurs um 10% in diesem Geschäftsjahr steigern	• Kurs bei weiblichen Mitgliedern bewerben • extern mit „Frauenkursen" werben
Lern- und Entwicklungsprozesse	• Mitarbeiter professionell schulen lassen für den Umgang mit der Zielgruppe	• Weiterbildungsquote Mitarbeiter • Steigerung Mitarbeiterzufriedenheit	• Alle Mitarbeiter durchlaufen das Schulungsprogramm im laufenden Geschäftsjahr	• Anmeldung der Mitarbeiter • Schulungen werden als Überstunden abgerechnet

2 Jahresabschlussanalyse

2.1 Teilanalysen der Jahresabschlussanalyse

2.1.1 Vertikale Strukturanalyse (Passivseite) für 2012 und 2013

Beinhaltet: Eigenkapitalquote; Fremdkapitalquote; Verschuldungsgrad; Kapitalumschlag

$$\text{Eigenkapitalquote} = \frac{Eigenkapital}{Gesamtkapital} \times 100$$

$$\text{Eigenkapitalquote (2012)} = \frac{771800}{1337400} \times 100 = 57,71\%$$

$$\text{Eigenkapitalquote (2013)} = \frac{916800}{1723600} \times 100 = 53,19\%$$

$$\text{Fremdkapitalquote} = \frac{Fremdkapital}{Gesamtkapital} \times 100$$

$$\text{Fremdkapitalquote (2012)} = \frac{565600}{1337400} \times 100 = 42,29\%$$

$$\text{Fremdkapitalquote (2013)} = \frac{806800}{1723600} \times 100 = 46,81\%$$

$$\text{Verschuldungsgrad} = \frac{Fremdkapital}{Eigenkapital} \times 100$$

$$\text{Verschuldungsgrad (2012)} = \frac{565600}{771800} \times 100 = 73,28\%$$

$$\text{Verschuldungsgrad (2013)} = \frac{806800}{916800} \times 100 = 88,0\%$$

$$\text{Kapitalumschlag} = \frac{Umsatz}{Gesamtkapital}$$

$$\text{Kapitalumschlag (2012)} = \frac{2450000}{1337400} = 1,83$$

$$\text{Kapitalumschlag (2013)} = \frac{2850000}{1723600} = 1,65$$

2.2.1 Kurzfristige Finanzanalyse für 2012 und 2013

Beinhaltet: Liquidität 1. Grades; Cashflow; Working Capitol

Liquidität 1. Grades = $\dfrac{Zahlungsmittelbestand}{kurzfristige\ Verbindlichkeiten} \times 100$

Liquidität 1. Grades (2012) = $\dfrac{99500}{195700} \times 100$ = 50,84%

Liquidität 1. Grades (2013) = $\dfrac{107100}{280600} \times 100$ = 38,17%

Cashflow = $Gewinn + Abschreibungen$

Gewinnberechnung: Gesamtkapitalrentabilität = $\dfrac{Gewinn + FKZ}{Gesamtkapital} \times 100$

Gewinn = $\dfrac{Gesamtkapitalrentabilität \times Gesamtkapital}{100} - FKZ$

FKZ (2012) = 12430€

Gewinn (2012) = 145115,72€

Cashflow (2012) = 145115,72€ + 55000€ = 200115,72€

FKZ (2013) = 14227,5€

Gewinn (2013) = 204497€

Cashflow (2013) = 204497€ + 68000€ = 272497€

Working Capital = Umlaufvermögen - kurzfristige Verbindlichkeiten

Working Capital (2012) = 512300€ - 195700€ = 316600€

Working Capital (2013) = 598100€ - 280600€ = 317500€

2.3.1 Erfolgsanalyse (Rentabilitätskennzahlen) für 2012 und 2013

Gewinnänderungsrate = $\dfrac{Gewinn\ Geschäftsjahr}{Gewinn\ Vorjahr} \times 100$

Gewinnänderungsrate = $\dfrac{204497}{145115,72} \times 100$ = 140,92%

Eigenkapitalrentabilität= $\frac{Gewinn}{Eigenkapital} x100$

Eigenkapitalrentabilität (2012)= $\frac{145115,72}{771800} x100 = 18,8\%$

Eigenkapitalrentabilität (2013)= $\frac{204497}{916800} x100 = 22,31\%$

Umsatzrentabilität= $\frac{Gewinn}{Umsatz} x100$

Umsatzrentabilität (2012)= $\frac{145115,72}{2450000} x100 = 5,92\%$

Umsatzrentabilität (2013)= $\frac{204497}{2850000} x100 = 7,16\%$

2.2. Wirtschaftliche Entwicklung

Zunächst ist festzustellen, dass nicht nur der Umsatz, von 2.450.000€ auf 2.850.000€, gestiegen ist, sonder auch der Gewinn, von 145.115,72€ auf 204.497€, erhöht werden konnte.

Zwar konnte das im Unternehmen vorhandene Eigenkapital ebenfalls erhöht werden, jedoch sind auch die Verbindlichkeiten deutlich gestiegen, weshalb die Eigenkapitalquote um 4,52% gesunken ist. Diese Erkenntnis lässt sich ebenfalls an Hand des Verschuldungsgrads erkennen: Betrug dieser 2012 noch 73,28% so liegt er nun bei 88,0%.

Ebenfalls negativ sticht die Liquidität 1. Grades hervor, welche um fast 12% gesunken ist.

Positiv betrachtet werden kann der leichte Anstieg des Working capital von 316.600€ auf 317.500€, Umsatzrentabilität (von 18,8% auf 22,31%) und Umsatzrentabilität (5,92% auf 7,16%).

So bleibt am Ende festzustellen, dass das sich Unternehmen trotz höherer Verbindlichkeiten auf einem guten Weg befindet und derzeit gut aufgestellt ist.

3 Kostenrechnung

3.1 Kostenrechnungsarten

Bei der Vollkostenrechnung werden alle anfallenden Kosten und Leistungen, d.h. Variable Kosten und Fixkosten, den Kostenträgern zugeordnet. Sinnvoll ist die Vollkostenrechnung beispielsweise dann, wenn die Selbstkosten für die einzelnen Kostenträger ermittelt werden sollen, um zu bestimmen, wie viel ein Produkt mindestens kosten muss, um kostendeckend zu wirtschaften.

Die Teilkostenrechnung hingegen verteilt Kosten und Leistungen nur in bestimmtem Maße auf die einzelnen Kostenträger. Dies bedeutet, dass bei der Teilkostenrechnung variable Kosten und Fixkosten voneinander getrennt abgerechnet werden. Sie bietet sich zum Beispiel an, wenn der Break-Even-Point für ein neu eingeführtes Produkt bestimmt werden soll.

Einzelkosten sind einfach gesagt Kosten, die in einem Unternehmen nur dann aufkommen, wenn etwas produziert oder eine Leistung erbracht wird. Daher sind Einzelkosten immer auch variable Kosten. Sie können immer nach dem Verursacherprinzip abgerechnet werden, d.h. der einzelnen Kostenstelle oder dem Kostenträger zugeordnet werden.

Ein Beispiel für Einzelkosten sind die Materialkosten, welche nur für ein bestimmtes Produkt angeschafft werden.

Gemeinkosten sind, zu einem Großteil, Fixkosten, welche unabhängig von der Produktion anfallen. Ein Beispiel hierfür ist die Miete für eine Produktionshalle.

Gemeinkosten können allerdings auch variable Kosten sein, die von der Ausbringungsmenge abhängen, wie beispielsweise Stromkosten, die durch höhere Produktivität steigen.

3.2 Zuschlagskalkulation

Mietkosten 120.000€

Versicherungskosten 25.000€

Vertriebskosten 17.250€

Personalkosten 305.000€

Wareneinsatzkosten 650.000€

empfohlener Bruttoverkaufspreis (mit 19% USt.)

Transportkosten 4,25€

Zollkosten 1,20€

Listeneinkaufspreis 84,95€

Rabatt 10%

Skonto 3%

Kundenrabatt 3%

Kundenskonto 1%

Summe Handlungskosten= Miet-, Versicherungs-, Vertriebs-, und Personalkosten
= 467.250€

$$\text{Handlungskostenzuschlag} = \frac{Handlungskosten}{Wareneinsatz} \times 100 = \frac{467250}{650000} \times 100 = 71{,}88\%$$

Tab. 2: Handelskalkulation

Einkaufspreis (brutto)	101,09€	19%
Listeneinkaufspreis (netto)	84,95€	
-Rabatt	8,50€	10%
=Zieleinkaufspreis	76,45€	
-Skonto	2,29€	3%
=Zieleinkaufspreis	74,16€	
+Bezugskosten	5,45€	
=Bezugspreis	79,61€	
+Handlungskosten	57,22€	71,88%
=Selbstkosten	136,83€	
+Gewinn	16,45€	12,02%
=Barverkaufspreis	153,28€	
+Kundenskonto	1,55€	1%
=Zielverkaufspreis	154,83€	
+Kundenrabatt	4,79€	3%
=Listenverkaufspreis (netto)	159,62€	
=Verkaufspreis (brutto)	189,95€	19%

3.3 Deckungsbeitragsrechnung

250 Kaufinteressenten/Monat

> 30% = 75 Personen die eine Laufbandanalyse durchführen
>> 60% = 45 Personen die letztendlich Laufschuhe kaufen; halber Preis für Laufbandanalyse
>> 40% = 30 Personen: Nichtkäufer; voller Preis für Laufbandanalyse

45 Käufer/Monat á 10€ Provision = 450€ Provision/Monat

10.100€ Miete + 1.250€ Nebenkosten = 11.350€ Miete (warm)

11.350€ Miete (warm) auf 1.200 m² = 9,46€/m²

15 m² genutzte Fläche = 141,90€

6.000€ Abschreibungen (brutto) = 5.042,02€ auf 6 Jahre = 840,34€/Jahr

840,24€ auf 12 Monate = 70,03€/Monat

Summe Kosten = 450€ + 141,90€ + 70,03€ = 661,93€/Monat

30 Personen voller Preis + 22,5 Personen halber Preis (45 Personen x 0,5) = 52,5

$$\frac{661{,}93\,€}{52{,}5\,Personen} = 12{,}61€ \text{ (netto)} + 19\% \text{ (USt.)} = 15{,}01€$$

Der Deckungsbeitrag beläuft sich pro Laufbandanalyse auf 15,01€.

3.4 Interpretation einer Deckungsbeitragssituation

Nein, der Geschäftsbereich muss nicht aufgegeben werden.

Der positive Deckungsbeitrag I sagt aus, dass die Erlöse höher sind als die variablen Kosten.

Bei der Berechnung von Deckungsbeitrag II werden zusätzlich die produktfixen Kosten berücksichtigt, welche sich nur auf ein Produkt bzw. auf einen bestimmtem Bereich beziehen. Dies können beispielsweise die Anschaffungskosten für eine Spezialmaschine sein, die nur für ein Produkt benötigt wird. Diese Anschaffungskosten werden nun auf die Stückzahl bezogen.

Steigt nun die Ausbringungsmenge, so sinken die produktfixen Kosten pro Stückzahl. Bei sehr hoher Ausbringungsmenge spricht man von einer Fixkostendegression. Die produktfixen Kosten sinken so weit, dass sie praktisch kaum noch anfallen.

Sinken die produktfixen Kosten also so weit, dass der Deckungsbeitrag I nicht mehr überschritten wird, so wird der Deckungsbeitrag II ebenfalls positiv und der Unternehmensbereich erwirtschaftet einen Gewinn.

4 Abbildungs- und Tabellenverzeichnis

4.1 Tabellenverzeichnis

Tab. 1: Vier Schritte der dritten Phase der Balanced Scorecard..........................5

Tab. 2: Handelskalkulation..11

4.2 Abbildungsverzeichnis

Abb. 1: Kennzahlensystem mit Cashflow-Gesamtrentabilität als zentrale Kennzahl.......4

Abb. 2: Ursache-Wirkungs-Kette...5

BEI GRIN MACHT SICH IHR WISSEN BEZAHLT

- Wir veröffentlichen Ihre Hausarbeit, Bachelor- und Masterarbeit

- Ihr eigenes eBook und Buch - weltweit in allen wichtigen Shops

- Verdienen Sie an jedem Verkauf

Jetzt bei www.GRIN.com hochladen und kostenlos publizieren